# PASSWORD
## L O G   B O O K

NAME: _____

PHONE: _____

# PASSWORD *Log*

**A**

| 🌐 Website | |
|---|---|
| 👤 Login | |
| 🔒 Password | |
| 🗐 Notes | |

| 🌐 Website | |
|---|---|
| 👤 Login | |
| 🔒 Password | |
| 🗐 Notes | |

| 🌐 Website | |
|---|---|
| 👤 Login | |
| 🔒 Password | |
| 🗐 Notes | |

| 🌐 Website | |
|---|---|
| 👤 Login | |
| 🔒 Password | |
| 🗐 Notes | |

# PASSWORD *Log*

| 🌐 Website | |
|---|---|
| 👤 Login | |
| 🔒 Password | |
| 📑 Notes | |

| 🌐 Website | |
|---|---|
| 👤 Login | |
| 🔒 Password | |
| 📑 Notes | |

| 🌐 Website | |
|---|---|
| 👤 Login | |
| 🔒 Password | |
| 📑 Notes | |

| 🌐 Website | |
|---|---|
| 👤 Login | |
| 🔒 Password | |
| 📑 Notes | |

# PASSWORD *Log*

| 🌐 **Website** | |
|---|---|
| 👤 **Login** | |
| 🔒 **Password** | |
| 🗐 **Notes** | |

| 🌐 **Website** | |
|---|---|
| 👤 **Login** | |
| 🔒 **Password** | |
| 🗐 **Notes** | |

| 🌐 **Website** | |
|---|---|
| 👤 **Login** | |
| 🔒 **Password** | |
| 🗐 **Notes** | |

| 🌐 **Website** | |
|---|---|
| 👤 **Login** | |
| 🔒 **Password** | |
| 🗐 **Notes** | |

# PASSWORD *Log*

| 🌐 Website | |
|---|---|
| 👤 Login | |
| 🔒 Password | |
| 📋 Notes | |

| 🌐 Website | |
|---|---|
| 👤 Login | |
| 🔒 Password | |
| 📋 Notes | |

| 🌐 Website | |
|---|---|
| 👤 Login | |
| 🔒 Password | |
| 📋 Notes | |

| 🌐 Website | |
|---|---|
| 👤 Login | |
| 🔒 Password | |
| 📋 Notes | |

# PASSWORD *Log*

**B**

| 🌐 Website | |
|---|---|
| 👤 Login | |
| 🔒 Password | |
| 📝 Notes | |

| 🌐 Website | |
|---|---|
| 👤 Login | |
| 🔒 Password | |
| 📝 Notes | |

| 🌐 Website | |
|---|---|
| 👤 Login | |
| 🔒 Password | |
| 📝 Notes | |

| 🌐 Website | |
|---|---|
| 👤 Login | |
| 🔒 Password | |
| 📝 Notes | |

# PASSWORD *Log*

| | |
|---|---|
| 🌐 **Website** | |
| 👤 **Login** | |
| 🔒 **Password** | |
| 🗐 **Notes** | |

| | |
|---|---|
| 🌐 **Website** | |
| 👤 **Login** | |
| 🔒 **Password** | |
| 🗐 **Notes** | |

| | |
|---|---|
| 🌐 **Website** | |
| 👤 **Login** | |
| 🔒 **Password** | |
| 🗐 **Notes** | |

| | |
|---|---|
| 🌐 **Website** | |
| 👤 **Login** | |
| 🔒 **Password** | |
| 🗐 **Notes** | |

# PASSWORD *Log*

**B**

| 🌐 Website | |
|---|---|
| 👤 Login | |
| 🔒 Password | |
| 🗐 Notes | |

| 🌐 Website | |
|---|---|
| 👤 Login | |
| 🔒 Password | |
| 🗐 Notes | |

| 🌐 Website | |
|---|---|
| 👤 Login | |
| 🔒 Password | |
| 🗐 Notes | |

| 🌐 Website | |
|---|---|
| 👤 Login | |
| 🔒 Password | |
| 🗐 Notes | |

# PASSWORD *Log*

| 🌐 Website | |
|---|---|
| 👤 Login | |
| 🔒 Password | |
| 🗐 Notes | |

| 🌐 Website | |
|---|---|
| 👤 Login | |
| 🔒 Password | |
| 🗐 Notes | |

| 🌐 Website | |
|---|---|
| 👤 Login | |
| 🔒 Password | |
| 🗐 Notes | |

| 🌐 Website | |
|---|---|
| 👤 Login | |
| 🔒 Password | |
| 🗐 Notes | |

# PASSWORD *Log*

| 🌐 Website | |
|---|---|
| 👤 Login | |
| 🔒 Password | |
| 🗒 Notes | |

| 🌐 Website | |
|---|---|
| 👤 Login | |
| 🔒 Password | |
| 🗒 Notes | |

| 🌐 Website | |
|---|---|
| 👤 Login | |
| 🔒 Password | |
| 🗒 Notes | |

| 🌐 Website | |
|---|---|
| 👤 Login | |
| 🔒 Password | |
| 🗒 Notes | |

# PASSWORD *Log*

| 🌐 Website | |
|---|---|
| 👤 Login | |
| 🔒 Password | |
| 🗎 Notes | |

| 🌐 Website | |
|---|---|
| 👤 Login | |
| 🔒 Password | |
| 🗎 Notes | |

| 🌐 Website | |
|---|---|
| 👤 Login | |
| 🔒 Password | |
| 🗎 Notes | |

| 🌐 Website | |
|---|---|
| 👤 Login | |
| 🔒 Password | |
| 🗎 Notes | |

# PASSWORD *Log*

| | |
|---|---|
| 🌐 **Website** | |
| 👤 **Login** | |
| 🔒 **Password** | |
| 🗒 **Notes** | |

| | |
|---|---|
| 🌐 **Website** | |
| 👤 **Login** | |
| 🔒 **Password** | |
| 🗒 **Notes** | |

| | |
|---|---|
| 🌐 **Website** | |
| 👤 **Login** | |
| 🔒 **Password** | |
| 🗒 **Notes** | |

| | |
|---|---|
| 🌐 **Website** | |
| 👤 **Login** | |
| 🔒 **Password** | |
| 🗒 **Notes** | |

# PASSWORD *Log*

| | |
|---|---|
| 🌐 **Website** | |
| 👤 **Login** | |
| 🔒 **Password** | |
| 🗐 **Notes** | |

| | |
|---|---|
| 🌐 **Website** | |
| 👤 **Login** | |
| 🔒 **Password** | |
| 🗐 **Notes** | |

| | |
|---|---|
| 🌐 **Website** | |
| 👤 **Login** | |
| 🔒 **Password** | |
| 🗐 **Notes** | |

| | |
|---|---|
| 🌐 **Website** | |
| 👤 **Login** | |
| 🔒 **Password** | |
| 🗐 **Notes** | |

# PASSWORD *Log*

**D**

| 🌐 Website | |
|---|---|
| 👤 Login | |
| 🔒 Password | |
| 📇 Notes | |

| 🌐 Website | |
|---|---|
| 👤 Login | |
| 🔒 Password | |
| 📇 Notes | |

| 🌐 Website | |
|---|---|
| 👤 Login | |
| 🔒 Password | |
| 📇 Notes | |

| 🌐 Website | |
|---|---|
| 👤 Login | |
| 🔒 Password | |
| 📇 Notes | |

# PASSWORD *Log*

**D**

| | |
|---|---|
| 🌐 **Website** | |
| 👤 **Login** | |
| 🔒 **Password** | |
| 🗐 **Notes** | |

| | |
|---|---|
| 🌐 **Website** | |
| 👤 **Login** | |
| 🔒 **Password** | |
| 🗐 **Notes** | |

| | |
|---|---|
| 🌐 **Website** | |
| 👤 **Login** | |
| 🔒 **Password** | |
| 🗐 **Notes** | |

| | |
|---|---|
| 🌐 **Website** | |
| 👤 **Login** | |
| 🔒 **Password** | |
| 🗐 **Notes** | |

# PASSWORD *Log*

**D**

| 🌐 Website | |
|---|---|
| 👤 Login | |
| 🔒 Password | |
| 🗐 Notes | |

| 🌐 Website | |
|---|---|
| 👤 Login | |
| 🔒 Password | |
| 🗐 Notes | |

| 🌐 Website | |
|---|---|
| 👤 Login | |
| 🔒 Password | |
| 🗐 Notes | |

| 🌐 Website | |
|---|---|
| 👤 Login | |
| 🔒 Password | |
| 🗐 Notes | |

# PASSWORD *Log*

| 🌐 Website | |
|---|---|
| 👤 Login | |
| 🔒 Password | |
| 🗒 Notes | |

| 🌐 Website | |
|---|---|
| 👤 Login | |
| 🔒 Password | |
| 🗒 Notes | |

| 🌐 Website | |
|---|---|
| 👤 Login | |
| 🔒 Password | |
| 🗒 Notes | |

| 🌐 Website | |
|---|---|
| 👤 Login | |
| 🔒 Password | |
| 🗒 Notes | |

# PASSWORD *Log*

| 🌐 Website | |
|---|---|
| 👤 Login | |
| 🔒 Password | |
| 🗒 Notes | |

| 🌐 Website | |
|---|---|
| 👤 Login | |
| 🔒 Password | |
| 🗒 Notes | |

| 🌐 Website | |
|---|---|
| 👤 Login | |
| 🔒 Password | |
| 🗒 Notes | |

| 🌐 Website | |
|---|---|
| 👤 Login | |
| 🔒 Password | |
| 🗒 Notes | |

# PASSWORD *Log*

| 🌐 Website | |
|---|---|
| 👤 Login | |
| 🔒 Password | |
| 🗒 Notes | |

| 🌐 Website | |
|---|---|
| 👤 Login | |
| 🔒 Password | |
| 🗒 Notes | |

| 🌐 Website | |
|---|---|
| 👤 Login | |
| 🔒 Password | |
| 🗒 Notes | |

| 🌐 Website | |
|---|---|
| 👤 Login | |
| 🔒 Password | |
| 🗒 Notes | |

# PASSWORD *Log*

| | |
|---|---|
| 🌐 **Website** | |
| 👤 **Login** | |
| 🔒 **Password** | |
| 🗊 **Notes** | |

| | |
|---|---|
| 🌐 **Website** | |
| 👤 **Login** | |
| 🔒 **Password** | |
| 🗊 **Notes** | |

| | |
|---|---|
| 🌐 **Website** | |
| 👤 **Login** | |
| 🔒 **Password** | |
| 🗊 **Notes** | |

| | |
|---|---|
| 🌐 **Website** | |
| 👤 **Login** | |
| 🔒 **Password** | |
| 🗊 **Notes** | |

# PASSWORD *Log*

| 🌐 Website | |
|---|---|
| 👤 Login | |
| 🔒 Password | |
| 📑 Notes | |

| 🌐 Website | |
|---|---|
| 👤 Login | |
| 🔒 Password | |
| 📑 Notes | |

| 🌐 Website | |
|---|---|
| 👤 Login | |
| 🔒 Password | |
| 📑 Notes | |

| 🌐 Website | |
|---|---|
| 👤 Login | |
| 🔒 Password | |
| 📑 Notes | |

# PASSWORD *Log*

**F**

| 🌐 Website | |
|---|---|
| 👤 Login | |
| 🔒 Password | |
| 🗈 Notes | |

| 🌐 Website | |
|---|---|
| 👤 Login | |
| 🔒 Password | |
| 🗈 Notes | |

| 🌐 Website | |
|---|---|
| 👤 Login | |
| 🔒 Password | |
| 🗈 Notes | |

| 🌐 Website | |
|---|---|
| 👤 Login | |
| 🔒 Password | |
| 🗈 Notes | |

# PASSWORD *Log*

| | |
|---|---|
| 🌐 **Website** | |
| 👤 **Login** | |
| 🔒 **Password** | |
| 🗒 **Notes** | |

| | |
|---|---|
| 🌐 **Website** | |
| 👤 **Login** | |
| 🔒 **Password** | |
| 🗒 **Notes** | |

| | |
|---|---|
| 🌐 **Website** | |
| 👤 **Login** | |
| 🔒 **Password** | |
| 🗒 **Notes** | |

| | |
|---|---|
| 🌐 **Website** | |
| 👤 **Login** | |
| 🔒 **Password** | |
| 🗒 **Notes** | |

# PASSWORD *Log*

F

| 🌐 Website | |
|---|---|
| 👤 Login | |
| 🔒 Password | |
| 📄 Notes | |

| 🌐 Website | |
|---|---|
| 👤 Login | |
| 🔒 Password | |
| 📄 Notes | |

| 🌐 Website | |
|---|---|
| 👤 Login | |
| 🔒 Password | |
| 📄 Notes | |

| 🌐 Website | |
|---|---|
| 👤 Login | |
| 🔒 Password | |
| 📄 Notes | |

# PASSWORD *Log*

| 🌐 **Website** | |
|---|---|
| 👤 **Login** | |
| 🔒 **Password** | |
| 🗒 **Notes** | |

| 🌐 **Website** | |
|---|---|
| 👤 **Login** | |
| 🔒 **Password** | |
| 🗒 **Notes** | |

| 🌐 **Website** | |
|---|---|
| 👤 **Login** | |
| 🔒 **Password** | |
| 🗒 **Notes** | |

| 🌐 **Website** | |
|---|---|
| 👤 **Login** | |
| 🔒 **Password** | |
| 🗒 **Notes** | |

# PASSWORD *Log*

**G**

| 🌐 Website | |
|---|---|
| 👤 Login | |
| 🔒 Password | |
| 🗊 Notes | |

| 🌐 Website | |
|---|---|
| 👤 Login | |
| 🔒 Password | |
| 🗊 Notes | |

| 🌐 Website | |
|---|---|
| 👤 Login | |
| 🔒 Password | |
| 🗊 Notes | |

| 🌐 Website | |
|---|---|
| 👤 Login | |
| 🔒 Password | |
| 🗊 Notes | |

# PASSWORD *Log*

G

| 🌍 Website | |
|---|---|
| 👤 Login | |
| 🔒 Password | |
| 🗇 Notes | |

| 🌍 Website | |
|---|---|
| 👤 Login | |
| 🔒 Password | |
| 🗇 Notes | |

| 🌍 Website | |
|---|---|
| 👤 Login | |
| 🔒 Password | |
| 🗇 Notes | |

| 🌍 Website | |
|---|---|
| 👤 Login | |
| 🔒 Password | |
| 🗇 Notes | |

# PASSWORD *Log*

**G**

| 🌐 Website | |
|---|---|
| 👤 Login | |
| 🔒 Password | |
| 📇 Notes | |

| 🌐 Website | |
|---|---|
| 👤 Login | |
| 🔒 Password | |
| 📇 Notes | |

| 🌐 Website | |
|---|---|
| 👤 Login | |
| 🔒 Password | |
| 📇 Notes | |

| 🌐 Website | |
|---|---|
| 👤 Login | |
| 🔒 Password | |
| 📇 Notes | |

# PASSWORD *Log*

| 🌐 Website | |
|---|---|
| 👤 Login | |
| 🔒 Password | |
| 🗒 Notes | |

| 🌐 Website | |
|---|---|
| 👤 Login | |
| 🔒 Password | |
| 🗒 Notes | |

| 🌐 Website | |
|---|---|
| 👤 Login | |
| 🔒 Password | |
| 🗒 Notes | |

| 🌐 Website | |
|---|---|
| 👤 Login | |
| 🔒 Password | |
| 🗒 Notes | |

# PASSWORD *Log*

| 🌐 Website | |
|---|---|
| 👤 Login | |
| 🔒 Password | |
| 🗒 Notes | |

| 🌐 Website | |
|---|---|
| 👤 Login | |
| 🔒 Password | |
| 🗒 Notes | |

| 🌐 Website | |
|---|---|
| 👤 Login | |
| 🔒 Password | |
| 🗒 Notes | |

| 🌐 Website | |
|---|---|
| 👤 Login | |
| 🔒 Password | |
| 🗒 Notes | |

# PASSWORD *Log*

| 🌐 Website | |
|---|---|
| 👤 Login | |
| 🔒 Password | |
| 📑 Notes | |

| 🌐 Website | |
|---|---|
| 👤 Login | |
| 🔒 Password | |
| 📑 Notes | |

| 🌐 Website | |
|---|---|
| 👤 Login | |
| 🔒 Password | |
| 📑 Notes | |

| 🌐 Website | |
|---|---|
| 👤 Login | |
| 🔒 Password | |
| 📑 Notes | |

# PASSWORD *Log*

**H**

| 🌐 Website | |
|---|---|
| 👤 Login | |
| 🔒 Password | |
| 🗐 Notes | |

| 🌐 Website | |
|---|---|
| 👤 Login | |
| 🔒 Password | |
| 🗐 Notes | |

| 🌐 Website | |
|---|---|
| 👤 Login | |
| 🔒 Password | |
| 🗐 Notes | |

| 🌐 Website | |
|---|---|
| 👤 Login | |
| 🔒 Password | |
| 🗐 Notes | |

# PASSWORD *Log*

| | |
|---|---|
| 🌐 **Website** | |
| 👤 **Login** | |
| 🔒 **Password** | |
| 🗒 **Notes** | |

| | |
|---|---|
| 🌐 **Website** | |
| 👤 **Login** | |
| 🔒 **Password** | |
| 🗒 **Notes** | |

| | |
|---|---|
| 🌐 **Website** | |
| 👤 **Login** | |
| 🔒 **Password** | |
| 🗒 **Notes** | |

| | |
|---|---|
| 🌐 **Website** | |
| 👤 **Login** | |
| 🔒 **Password** | |
| 🗒 **Notes** | |

# PASSWORD *Log*

| 🌐 Website | |
|---|---|
| 👤 Login | |
| 🔒 Password | |
| 📋 Notes | |

| 🌐 Website | |
|---|---|
| 👤 Login | |
| 🔒 Password | |
| 📋 Notes | |

| 🌐 Website | |
|---|---|
| 👤 Login | |
| 🔒 Password | |
| 📋 Notes | |

| 🌐 Website | |
|---|---|
| 👤 Login | |
| 🔒 Password | |
| 📋 Notes | |

# PASSWORD *Log*

| | |
|---|---|
| 🌍 **Website** | |
| 👤 **Login** | |
| 🔒 **Password** | |
| 🗊 **Notes** | |

| | |
|---|---|
| 🌍 **Website** | |
| 👤 **Login** | |
| 🔒 **Password** | |
| 🗊 **Notes** | |

| | |
|---|---|
| 🌍 **Website** | |
| 👤 **Login** | |
| 🔒 **Password** | |
| 🗊 **Notes** | |

| | |
|---|---|
| 🌍 **Website** | |
| 👤 **Login** | |
| 🔒 **Password** | |
| 🗊 **Notes** | |

# PASSWORD *Log*

| | |
|---|---|
| 🌐 **Website** | |
| 👤 **Login** | |
| 🔒 **Password** | |
| 🗒 **Notes** | |

| | |
|---|---|
| 🌐 **Website** | |
| 👤 **Login** | |
| 🔒 **Password** | |
| 🗒 **Notes** | |

| | |
|---|---|
| 🌐 **Website** | |
| 👤 **Login** | |
| 🔒 **Password** | |
| 🗒 **Notes** | |

| | |
|---|---|
| 🌐 **Website** | |
| 👤 **Login** | |
| 🔒 **Password** | |
| 🗒 **Notes** | |

# PASSWORD *Log*

| | |
|---|---|
| 🌐 **Website** | |
| 👤 **Login** | |
| 🔒 **Password** | |
| 🗐 **Notes** | |

| | |
|---|---|
| 🌐 **Website** | |
| 👤 **Login** | |
| 🔒 **Password** | |
| 🗐 **Notes** | |

| | |
|---|---|
| 🌐 **Website** | |
| 👤 **Login** | |
| 🔒 **Password** | |
| 🗐 **Notes** | |

| | |
|---|---|
| 🌐 **Website** | |
| 👤 **Login** | |
| 🔒 **Password** | |
| 🗐 **Notes** | |

# PASSWORD *Log*

**J**

| 🌐 **Website** | |
|---|---|
| 👤 **Login** | |
| 🔒 **Password** | |
| 📋 **Notes** | |

| 🌐 **Website** | |
|---|---|
| 👤 **Login** | |
| 🔒 **Password** | |
| 📋 **Notes** | |

| 🌐 **Website** | |
|---|---|
| 👤 **Login** | |
| 🔒 **Password** | |
| 📋 **Notes** | |

| 🌐 **Website** | |
|---|---|
| 👤 **Login** | |
| 🔒 **Password** | |
| 📋 **Notes** | |

# PASSWORD *Log*

| 🌐 **Website** | |
|---|---|
| 👤 **Login** | |
| 🔒 **Password** | |
| 📑 **Notes** | |

| 🌐 **Website** | |
|---|---|
| 👤 **Login** | |
| 🔒 **Password** | |
| 📑 **Notes** | |

| 🌐 **Website** | |
|---|---|
| 👤 **Login** | |
| 🔒 **Password** | |
| 📑 **Notes** | |

| 🌐 **Website** | |
|---|---|
| 👤 **Login** | |
| 🔒 **Password** | |
| 📑 **Notes** | |

# PASSWORD *Log*

**J**

| 🌐 Website | |
|---|---|
| 👤 Login | |
| 🔒 Password | |
| 🗒 Notes | |

| 🌐 Website | |
|---|---|
| 👤 Login | |
| 🔒 Password | |
| 🗒 Notes | |

| 🌐 Website | |
|---|---|
| 👤 Login | |
| 🔒 Password | |
| 🗒 Notes | |

| 🌐 Website | |
|---|---|
| 👤 Login | |
| 🔒 Password | |
| 🗒 Notes | |

# PASSWORD *Log*

| | |
|---|---|
| 🌐 **Website** | |
| 👤 **Login** | |
| 🔒 **Password** | |
| 🗒 **Notes** | |

| | |
|---|---|
| 🌐 **Website** | |
| 👤 **Login** | |
| 🔒 **Password** | |
| 🗒 **Notes** | |

| | |
|---|---|
| 🌐 **Website** | |
| 👤 **Login** | |
| 🔒 **Password** | |
| 🗒 **Notes** | |

| | |
|---|---|
| 🌐 **Website** | |
| 👤 **Login** | |
| 🔒 **Password** | |
| 🗒 **Notes** | |

# PASSWORD *Log*

| 🌐 Website | |
|---|---|
| 👤 Login | |
| 🔒 Password | |
| 📋 Notes | |

| 🌐 Website | |
|---|---|
| 👤 Login | |
| 🔒 Password | |
| 📋 Notes | |

| 🌐 Website | |
|---|---|
| 👤 Login | |
| 🔒 Password | |
| 📋 Notes | |

| 🌐 Website | |
|---|---|
| 👤 Login | |
| 🔒 Password | |
| 📋 Notes | |

# PASSWORD *Log*

**K**

| 🌐 Website | |
|---|---|
| 👤 Login | |
| 🔒 Password | |
| 📄 Notes | |

| 🌐 Website | |
|---|---|
| 👤 Login | |
| 🔒 Password | |
| 📄 Notes | |

| 🌐 Website | |
|---|---|
| 👤 Login | |
| 🔒 Password | |
| 📄 Notes | |

| 🌐 Website | |
|---|---|
| 👤 Login | |
| 🔒 Password | |
| 📄 Notes | |

# PASSWORD *Log*

| 🌐 Website | |
|---|---|
| 👤 Login | |
| 🔒 Password | |
| 🗐 Notes | |

| 🌐 Website | |
|---|---|
| 👤 Login | |
| 🔒 Password | |
| 🗐 Notes | |

| 🌐 Website | |
|---|---|
| 👤 Login | |
| 🔒 Password | |
| 🗐 Notes | |

| 🌐 Website | |
|---|---|
| 👤 Login | |
| 🔒 Password | |
| 🗐 Notes | |

# PASSWORD *Log*

**K**

| | |
|---|---|
| 🌐 **Website** | |
| 👤 **Login** | |
| 🔒 **Password** | |
| 🗊 **Notes** | |

| | |
|---|---|
| 🌐 **Website** | |
| 👤 **Login** | |
| 🔒 **Password** | |
| 🗊 **Notes** | |

| | |
|---|---|
| 🌐 **Website** | |
| 👤 **Login** | |
| 🔒 **Password** | |
| 🗊 **Notes** | |

| | |
|---|---|
| 🌐 **Website** | |
| 👤 **Login** | |
| 🔒 **Password** | |
| 🗊 **Notes** | |

# PASSWORD *Log*

**L**

| 🌐 Website | |
|---|---|
| 👤 Login | |
| 🔒 Password | |
| 🗒 Notes | |

| 🌐 Website | |
|---|---|
| 👤 Login | |
| 🔒 Password | |
| 🗒 Notes | |

| 🌐 Website | |
|---|---|
| 👤 Login | |
| 🔒 Password | |
| 🗒 Notes | |

| 🌐 Website | |
|---|---|
| 👤 Login | |
| 🔒 Password | |
| 🗒 Notes | |

# PASSWORD *Log*

| | |
|---|---|
| 🌐 **Website** | |
| 👤 **Login** | |
| 🔒 **Password** | |
| 🗐 **Notes** | |

| | |
|---|---|
| 🌐 **Website** | |
| 👤 **Login** | |
| 🔒 **Password** | |
| 🗐 **Notes** | |

| | |
|---|---|
| 🌐 **Website** | |
| 👤 **Login** | |
| 🔒 **Password** | |
| 🗐 **Notes** | |

| | |
|---|---|
| 🌐 **Website** | |
| 👤 **Login** | |
| 🔒 **Password** | |
| 🗐 **Notes** | |

# PASSWORD *Log*

**L**

| 🌐 Website | |
|---|---|
| 👤 Login | |
| 🔒 Password | |
| 🗒 Notes | |

| 🌐 Website | |
|---|---|
| 👤 Login | |
| 🔒 Password | |
| 🗒 Notes | |

| 🌐 Website | |
|---|---|
| 👤 Login | |
| 🔒 Password | |
| 🗒 Notes | |

| 🌐 Website | |
|---|---|
| 👤 Login | |
| 🔒 Password | |
| 🗒 Notes | |

# PASSWORD *Log*

| 🌐 Website | |
|---|---|
| 👤 Login | |
| 🔒 Password | |
| 🗊 Notes | |

| 🌐 Website | |
|---|---|
| 👤 Login | |
| 🔒 Password | |
| 🗊 Notes | |

| 🌐 Website | |
|---|---|
| 👤 Login | |
| 🔒 Password | |
| 🗊 Notes | |

| 🌐 Website | |
|---|---|
| 👤 Login | |
| 🔒 Password | |
| 🗊 Notes | |

# PASSWORD *Log*

**M**

| 🌐 **Website** | |
|---|---|
| 👤 **Login** | |
| 🔒 **Password** | |
| 🗔 **Notes** | |

| 🌐 **Website** | |
|---|---|
| 👤 **Login** | |
| 🔒 **Password** | |
| 🗔 **Notes** | |

| 🌐 **Website** | |
|---|---|
| 👤 **Login** | |
| 🔒 **Password** | |
| 🗔 **Notes** | |

| 🌐 **Website** | |
|---|---|
| 👤 **Login** | |
| 🔒 **Password** | |
| 🗔 **Notes** | |

# PASSWORD *Log*

**M**

| 🌐 Website | |
|---|---|
| 👤 Login | |
| 🔒 Password | |
| 🗐 Notes | |

| 🌐 Website | |
|---|---|
| 👤 Login | |
| 🔒 Password | |
| 🗐 Notes | |

| 🌐 Website | |
|---|---|
| 👤 Login | |
| 🔒 Password | |
| 🗐 Notes | |

| 🌐 Website | |
|---|---|
| 👤 Login | |
| 🔒 Password | |
| 🗐 Notes | |

# PASSWORD *Log*

**M**

| | |
|---|---|
| 🌐 **Website** | |
| 👤 **Login** | |
| 🔒 **Password** | |
| 📋 **Notes** | |

| | |
|---|---|
| 🌐 **Website** | |
| 👤 **Login** | |
| 🔒 **Password** | |
| 📋 **Notes** | |

| | |
|---|---|
| 🌐 **Website** | |
| 👤 **Login** | |
| 🔒 **Password** | |
| 📋 **Notes** | |

| | |
|---|---|
| 🌐 **Website** | |
| 👤 **Login** | |
| 🔒 **Password** | |
| 📋 **Notes** | |

# PASSWORD *Log*

| 🌐 Website | |
|---|---|
| 👤 Login | |
| 🔒 Password | |
| 🗊 Notes | |

| 🌐 Website | |
|---|---|
| 👤 Login | |
| 🔒 Password | |
| 🗊 Notes | |

| 🌐 Website | |
|---|---|
| 👤 Login | |
| 🔒 Password | |
| 🗊 Notes | |

| 🌐 Website | |
|---|---|
| 👤 Login | |
| 🔒 Password | |
| 🗊 Notes | |

# PASSWORD *Log*

| | |
|---|---|
| 🌐 **Website** | |
| 👤 **Login** | |
| 🔒 **Password** | |
| 📋 **Notes** | |

| | |
|---|---|
| 🌐 **Website** | |
| 👤 **Login** | |
| 🔒 **Password** | |
| 📋 **Notes** | |

| | |
|---|---|
| 🌐 **Website** | |
| 👤 **Login** | |
| 🔒 **Password** | |
| 📋 **Notes** | |

| | |
|---|---|
| 🌐 **Website** | |
| 👤 **Login** | |
| 🔒 **Password** | |
| 📋 **Notes** | |

# PASSWORD *Log*

| 🌐 **Website** | |
|---|---|
| 👤 **Login** | |
| 🔒 **Password** | |
| 🗐 **Notes** | |

| 🌐 **Website** | |
|---|---|
| 👤 **Login** | |
| 🔒 **Password** | |
| 🗐 **Notes** | |

| 🌐 **Website** | |
|---|---|
| 👤 **Login** | |
| 🔒 **Password** | |
| 🗐 **Notes** | |

| 🌐 **Website** | |
|---|---|
| 👤 **Login** | |
| 🔒 **Password** | |
| 🗐 **Notes** | |

# PASSWORD *Log*

| 🌐 **Website** | |
|---|---|
| 👤 **Login** | |
| 🔒 **Password** | |
| 📋 **Notes** | |

| 🌐 **Website** | |
|---|---|
| 👤 **Login** | |
| 🔒 **Password** | |
| 📋 **Notes** | |

| 🌐 **Website** | |
|---|---|
| 👤 **Login** | |
| 🔒 **Password** | |
| 📋 **Notes** | |

| 🌐 **Website** | |
|---|---|
| 👤 **Login** | |
| 🔒 **Password** | |
| 📋 **Notes** | |

# PASSWORD *Log*

| 🌐 Website | |
|---|---|
| 👤 Login | |
| 🔒 Password | |
| 🗐 Notes | |

| 🌐 Website | |
|---|---|
| 👤 Login | |
| 🔒 Password | |
| 🗐 Notes | |

| 🌐 Website | |
|---|---|
| 👤 Login | |
| 🔒 Password | |
| 🗐 Notes | |

| 🌐 Website | |
|---|---|
| 👤 Login | |
| 🔒 Password | |
| 🗐 Notes | |

# PASSWORD *Log*

| 🌐 Website | |
|---|---|
| 👤 Login | |
| 🔒 Password | |
| 🗐 Notes | |

| 🌐 Website | |
|---|---|
| 👤 Login | |
| 🔒 Password | |
| 🗐 Notes | |

| 🌐 Website | |
|---|---|
| 👤 Login | |
| 🔒 Password | |
| 🗐 Notes | |

| 🌐 Website | |
|---|---|
| 👤 Login | |
| 🔒 Password | |
| 🗐 Notes | |

# PASSWORD *Log*

| | |
|---|---|
| 🌐 **Website** | |
| 👤 **Login** | |
| 🔒 **Password** | |
| 🗇 **Notes** | |

| | |
|---|---|
| 🌐 **Website** | |
| 👤 **Login** | |
| 🔒 **Password** | |
| 🗇 **Notes** | |

| | |
|---|---|
| 🌐 **Website** | |
| 👤 **Login** | |
| 🔒 **Password** | |
| 🗇 **Notes** | |

| | |
|---|---|
| 🌐 **Website** | |
| 👤 **Login** | |
| 🔒 **Password** | |
| 🗇 **Notes** | |

# PASSWORD *Log*

| | |
|---|---|
| 🌐 **Website** | |
| 👤 **Login** | |
| 🔒 **Password** | |
| 📑 **Notes** | |

| | |
|---|---|
| 🌐 **Website** | |
| 👤 **Login** | |
| 🔒 **Password** | |
| 📑 **Notes** | |

| | |
|---|---|
| 🌐 **Website** | |
| 👤 **Login** | |
| 🔒 **Password** | |
| 📑 **Notes** | |

| | |
|---|---|
| 🌐 **Website** | |
| 👤 **Login** | |
| 🔒 **Password** | |
| 📑 **Notes** | |

# PASSWORD *Log*

| 🌐 Website | |
|---|---|
| 👤 Login | |
| 🔒 Password | |
| 📑 Notes | |

| 🌐 Website | |
|---|---|
| 👤 Login | |
| 🔒 Password | |
| 📑 Notes | |

| 🌐 Website | |
|---|---|
| 👤 Login | |
| 🔒 Password | |
| 📑 Notes | |

| 🌐 Website | |
|---|---|
| 👤 Login | |
| 🔒 Password | |
| 📑 Notes | |

# PASSWORD *Log*

**P**

| 🌐 Website | |
|---|---|
| 👤 Login | |
| 🔒 Password | |
| 📄 Notes | |

| 🌐 Website | |
|---|---|
| 👤 Login | |
| 🔒 Password | |
| 📄 Notes | |

| 🌐 Website | |
|---|---|
| 👤 Login | |
| 🔒 Password | |
| 📄 Notes | |

| 🌐 Website | |
|---|---|
| 👤 Login | |
| 🔒 Password | |
| 📄 Notes | |

# PASSWORD *Log*

P

| 🌐 Website | |
|---|---|
| 👤 Login | |
| 🔒 Password | |
| 🗐 Notes | |

| 🌐 Website | |
|---|---|
| 👤 Login | |
| 🔒 Password | |
| 🗐 Notes | |

| 🌐 Website | |
|---|---|
| 👤 Login | |
| 🔒 Password | |
| 🗐 Notes | |

| 🌐 Website | |
|---|---|
| 👤 Login | |
| 🔒 Password | |
| 🗐 Notes | |

# PASSWORD *Log*

**P**

| 🌐 **Website** | |
|---|---|
| 👤 **Login** | |
| 🔒 **Password** | |
| 📄 **Notes** | |

| 🌐 **Website** | |
|---|---|
| 👤 **Login** | |
| 🔒 **Password** | |
| 📄 **Notes** | |

| 🌐 **Website** | |
|---|---|
| 👤 **Login** | |
| 🔒 **Password** | |
| 📄 **Notes** | |

| 🌐 **Website** | |
|---|---|
| 👤 **Login** | |
| 🔒 **Password** | |
| 📄 **Notes** | |

# PASSWORD *Log*

P

| | |
|---|---|
| 🌐 **Website** | |
| 👤 **Login** | |
| 🔒 **Password** | |
| 🗐 **Notes** | |

| | |
|---|---|
| 🌐 **Website** | |
| 👤 **Login** | |
| 🔒 **Password** | |
| 🗐 **Notes** | |

| | |
|---|---|
| 🌐 **Website** | |
| 👤 **Login** | |
| 🔒 **Password** | |
| 🗐 **Notes** | |

| | |
|---|---|
| 🌐 **Website** | |
| 👤 **Login** | |
| 🔒 **Password** | |
| 🗐 **Notes** | |

# PASSWORD *Log*

**Q**

| | |
|---|---|
| 🌐 **Website** | |
| 👤 **Login** | |
| 🔒 **Password** | |
| 🗊 **Notes** | |

| | |
|---|---|
| 🌐 **Website** | |
| 👤 **Login** | |
| 🔒 **Password** | |
| 🗊 **Notes** | |

| | |
|---|---|
| 🌐 **Website** | |
| 👤 **Login** | |
| 🔒 **Password** | |
| 🗊 **Notes** | |

| | |
|---|---|
| 🌐 **Website** | |
| 👤 **Login** | |
| 🔒 **Password** | |
| 🗊 **Notes** | |

# PASSWORD *Log*

| 🌐 Website | |
|---|---|
| 👤 Login | |
| 🔒 Password | |
| 📋 Notes | |

| 🌐 Website | |
|---|---|
| 👤 Login | |
| 🔒 Password | |
| 📋 Notes | |

| 🌐 Website | |
|---|---|
| 👤 Login | |
| 🔒 Password | |
| 📋 Notes | |

| 🌐 Website | |
|---|---|
| 👤 Login | |
| 🔒 Password | |
| 📋 Notes | |

# PASSWORD *Log*

**Q**

| | |
|---|---|
| 🌐 **Website** | |
| 👤 **Login** | |
| 🔒 **Password** | |
| 🗊 **Notes** | |

| | |
|---|---|
| 🌐 **Website** | |
| 👤 **Login** | |
| 🔒 **Password** | |
| 🗊 **Notes** | |

| | |
|---|---|
| 🌐 **Website** | |
| 👤 **Login** | |
| 🔒 **Password** | |
| 🗊 **Notes** | |

| | |
|---|---|
| 🌐 **Website** | |
| 👤 **Login** | |
| 🔒 **Password** | |
| 🗊 **Notes** | |

# PASSWORD *Log*

Q

| | |
|---|---|
| 🌍 **Website** | |
| 👤 **Login** | |
| 🔒 **Password** | |
| 🗒 **Notes** | |

| | |
|---|---|
| 🌍 **Website** | |
| 👤 **Login** | |
| 🔒 **Password** | |
| 🗒 **Notes** | |

| | |
|---|---|
| 🌍 **Website** | |
| 👤 **Login** | |
| 🔒 **Password** | |
| 🗒 **Notes** | |

| | |
|---|---|
| 🌍 **Website** | |
| 👤 **Login** | |
| 🔒 **Password** | |
| 🗒 **Notes** | |

# PASSWORD *Log*

**R**

| 🌍 **Website** | |
|---|---|
| 👤 **Login** | |
| 🔒 **Password** | |
| 🗐 **Notes** | |

| 🌍 **Website** | |
|---|---|
| 👤 **Login** | |
| 🔒 **Password** | |
| 🗐 **Notes** | |

| 🌍 **Website** | |
|---|---|
| 👤 **Login** | |
| 🔒 **Password** | |
| 🗐 **Notes** | |

| 🌍 **Website** | |
|---|---|
| 👤 **Login** | |
| 🔒 **Password** | |
| 🗐 **Notes** | |

# PASSWORD *Log*

| 🌐 Website | |
|---|---|
| 👤 Login | |
| 🔒 Password | |
| 🗒 Notes | |

| 🌐 Website | |
|---|---|
| 👤 Login | |
| 🔒 Password | |
| 🗒 Notes | |

| 🌐 Website | |
|---|---|
| 👤 Login | |
| 🔒 Password | |
| 🗒 Notes | |

| 🌐 Website | |
|---|---|
| 👤 Login | |
| 🔒 Password | |
| 🗒 Notes | |

# PASSWORD *Log*

**R**

| 🌐 Website | |
|---|---|
| 👤 Login | |
| 🔒 Password | |
| 🗐 Notes | |

| 🌐 Website | |
|---|---|
| 👤 Login | |
| 🔒 Password | |
| 🗐 Notes | |

| 🌐 Website | |
|---|---|
| 👤 Login | |
| 🔒 Password | |
| 🗐 Notes | |

| 🌐 Website | |
|---|---|
| 👤 Login | |
| 🔒 Password | |
| 🗐 Notes | |

# PASSWORD *Log*

| 🌐 Website | |
|---|---|
| 👤 Login | |
| 🔒 Password | |
| 🗐 Notes | |

| 🌐 Website | |
|---|---|
| 👤 Login | |
| 🔒 Password | |
| 🗐 Notes | |

| 🌐 Website | |
|---|---|
| 👤 Login | |
| 🔒 Password | |
| 🗐 Notes | |

| 🌐 Website | |
|---|---|
| 👤 Login | |
| 🔒 Password | |
| 🗐 Notes | |

# PASSWORD *Log*

| 🌐 **Website** | |
|---|---|
| 👤 **Login** | |
| 🔒 **Password** | |
| 🗨 **Notes** | |

| 🌐 **Website** | |
|---|---|
| 👤 **Login** | |
| 🔒 **Password** | |
| 🗨 **Notes** | |

| 🌐 **Website** | |
|---|---|
| 👤 **Login** | |
| 🔒 **Password** | |
| 🗨 **Notes** | |

| 🌐 **Website** | |
|---|---|
| 👤 **Login** | |
| 🔒 **Password** | |
| 🗨 **Notes** | |

# PASSWORD *Log*

| 🌍 Website | |
|---|---|
| 👤 Login | |
| 🔒 Password | |
| 🗊 Notes | |

| 🌍 Website | |
|---|---|
| 👤 Login | |
| 🔒 Password | |
| 🗊 Notes | |

| 🌍 Website | |
|---|---|
| 👤 Login | |
| 🔒 Password | |
| 🗊 Notes | |

| 🌍 Website | |
|---|---|
| 👤 Login | |
| 🔒 Password | |
| 🗊 Notes | |

# PASSWORD *Log*

| | |
|---|---|
| 🌐 **Website** | |
| 👤 **Login** | |
| 🔒 **Password** | |
| 🗒 **Notes** | |

| | |
|---|---|
| 🌐 **Website** | |
| 👤 **Login** | |
| 🔒 **Password** | |
| 🗒 **Notes** | |

| | |
|---|---|
| 🌐 **Website** | |
| 👤 **Login** | |
| 🔒 **Password** | |
| 🗒 **Notes** | |

| | |
|---|---|
| 🌐 **Website** | |
| 👤 **Login** | |
| 🔒 **Password** | |
| 🗒 **Notes** | |

# PASSWORD *Log*

| 🌐 Website | |
|---|---|
| 👤 Login | |
| 🔒 Password | |
| 🗐 Notes | |

| 🌐 Website | |
|---|---|
| 👤 Login | |
| 🔒 Password | |
| 🗐 Notes | |

| 🌐 Website | |
|---|---|
| 👤 Login | |
| 🔒 Password | |
| 🗐 Notes | |

| 🌐 Website | |
|---|---|
| 👤 Login | |
| 🔒 Password | |
| 🗐 Notes | |

# PASSWORD *Log*

**T**

| | |
|---|---|
| 🌍 **Website** | |
| 👤 **Login** | |
| 🔒 **Password** | |
| 📋 **Notes** | |

| | |
|---|---|
| 🌍 **Website** | |
| 👤 **Login** | |
| 🔒 **Password** | |
| 📋 **Notes** | |

| | |
|---|---|
| 🌍 **Website** | |
| 👤 **Login** | |
| 🔒 **Password** | |
| 📋 **Notes** | |

| | |
|---|---|
| 🌍 **Website** | |
| 👤 **Login** | |
| 🔒 **Password** | |
| 📋 **Notes** | |

# PASSWORD *Log*

| | |
|---|---|
| 🌐 **Website** | |
| 👤 **Login** | |
| 🔒 **Password** | |
| 🗒 **Notes** | |

| | |
|---|---|
| 🌐 **Website** | |
| 👤 **Login** | |
| 🔒 **Password** | |
| 🗒 **Notes** | |

| | |
|---|---|
| 🌐 **Website** | |
| 👤 **Login** | |
| 🔒 **Password** | |
| 🗒 **Notes** | |

| | |
|---|---|
| 🌐 **Website** | |
| 👤 **Login** | |
| 🔒 **Password** | |
| 🗒 **Notes** | |

# PASSWORD *Log*

**T**

| 🌐 **Website** | |
|---|---|
| 👤 **Login** | |
| 🔒 **Password** | |
| 🗒 **Notes** | |

| 🌐 **Website** | |
|---|---|
| 👤 **Login** | |
| 🔒 **Password** | |
| 🗒 **Notes** | |

| 🌐 **Website** | |
|---|---|
| 👤 **Login** | |
| 🔒 **Password** | |
| 🗒 **Notes** | |

| 🌐 **Website** | |
|---|---|
| 👤 **Login** | |
| 🔒 **Password** | |
| 🗒 **Notes** | |

# PASSWORD *Log*

| 🌐 Website | |
|---|---|
| 👤 Login | |
| 🔒 Password | |
| 📋 Notes | |

| 🌐 Website | |
|---|---|
| 👤 Login | |
| 🔒 Password | |
| 📋 Notes | |

| 🌐 Website | |
|---|---|
| 👤 Login | |
| 🔒 Password | |
| 📋 Notes | |

| 🌐 Website | |
|---|---|
| 👤 Login | |
| 🔒 Password | |
| 📋 Notes | |

# PASSWORD *Log*

| 🌐 Website | |
|---|---|
| 👤 Login | |
| 🔒 Password | |
| 🗒 Notes | |

| 🌐 Website | |
|---|---|
| 👤 Login | |
| 🔒 Password | |
| 🗒 Notes | |

| 🌐 Website | |
|---|---|
| 👤 Login | |
| 🔒 Password | |
| 🗒 Notes | |

| 🌐 Website | |
|---|---|
| 👤 Login | |
| 🔒 Password | |
| 🗒 Notes | |

# PASSWORD *Log*

| 🌐 Website | |
|---|---|
| 👤 Login | |
| 🔒 Password | |
| 📋 Notes | |

| 🌐 Website | |
|---|---|
| 👤 Login | |
| 🔒 Password | |
| 📋 Notes | |

| 🌐 Website | |
|---|---|
| 👤 Login | |
| 🔒 Password | |
| 📋 Notes | |

| 🌐 Website | |
|---|---|
| 👤 Login | |
| 🔒 Password | |
| 📋 Notes | |

# PASSWORD *Log*

U

| | |
|---|---|
| 🌐 **Website** | |
| 👤 **Login** | |
| 🔒 **Password** | |
| 🗐 **Notes** | |

| | |
|---|---|
| 🌐 **Website** | |
| 👤 **Login** | |
| 🔒 **Password** | |
| 🗐 **Notes** | |

| | |
|---|---|
| 🌐 **Website** | |
| 👤 **Login** | |
| 🔒 **Password** | |
| 🗐 **Notes** | |

| | |
|---|---|
| 🌐 **Website** | |
| 👤 **Login** | |
| 🔒 **Password** | |
| 🗐 **Notes** | |

# PASSWORD $\mathcal{Log}$

**U**

| | |
|---|---|
| 🌐 **Website** | |
| 👤 **Login** | |
| 🔒 **Password** | |
| 🗊 **Notes** | |

| | |
|---|---|
| 🌐 **Website** | |
| 👤 **Login** | |
| 🔒 **Password** | |
| 🗊 **Notes** | |

| | |
|---|---|
| 🌐 **Website** | |
| 👤 **Login** | |
| 🔒 **Password** | |
| 🗊 **Notes** | |

| | |
|---|---|
| 🌐 **Website** | |
| 👤 **Login** | |
| 🔒 **Password** | |
| 🗊 **Notes** | |

# PASSWORD *Log*

**V**

| 🌐 Website | |
|---|---|
| 👤 Login | |
| 🔒 Password | |
| 📄 Notes | |

| 🌐 Website | |
|---|---|
| 👤 Login | |
| 🔒 Password | |
| 📄 Notes | |

| 🌐 Website | |
|---|---|
| 👤 Login | |
| 🔒 Password | |
| 📄 Notes | |

| 🌐 Website | |
|---|---|
| 👤 Login | |
| 🔒 Password | |
| 📄 Notes | |

# PASSWORD *Log*

| 🌐 Website | |
|---|---|
| 👤 Login | |
| 🔒 Password | |
| 🗊 Notes | |

| 🌐 Website | |
|---|---|
| 👤 Login | |
| 🔒 Password | |
| 🗊 Notes | |

| 🌐 Website | |
|---|---|
| 👤 Login | |
| 🔒 Password | |
| 🗊 Notes | |

| 🌐 Website | |
|---|---|
| 👤 Login | |
| 🔒 Password | |
| 🗊 Notes | |

# PASSWORD *Log*

**V**

| 🌐 Website | |
|---|---|
| 👤 Login | |
| 🔒 Password | |
| 🗊 Notes | |

| 🌐 Website | |
|---|---|
| 👤 Login | |
| 🔒 Password | |
| 🗊 Notes | |

| 🌐 Website | |
|---|---|
| 👤 Login | |
| 🔒 Password | |
| 🗊 Notes | |

| 🌐 Website | |
|---|---|
| 👤 Login | |
| 🔒 Password | |
| 🗊 Notes | |

# PASSWORD *Log*

| 🌐 **Website** | |
|---|---|
| 👤 **Login** | |
| 🔒 **Password** | |
| 📇 **Notes** | |

| 🌐 **Website** | |
|---|---|
| 👤 **Login** | |
| 🔒 **Password** | |
| 📇 **Notes** | |

| 🌐 **Website** | |
|---|---|
| 👤 **Login** | |
| 🔒 **Password** | |
| 📇 **Notes** | |

| 🌐 **Website** | |
|---|---|
| 👤 **Login** | |
| 🔒 **Password** | |
| 📇 **Notes** | |

# PASSWORD *Log*

**W**

| 🌐 **Website** | |
|---|---|
| 👤 **Login** | |
| 🔒 **Password** | |
| 🗒 **Notes** | |

| 🌐 **Website** | |
|---|---|
| 👤 **Login** | |
| 🔒 **Password** | |
| 🗒 **Notes** | |

| 🌐 **Website** | |
|---|---|
| 👤 **Login** | |
| 🔒 **Password** | |
| 🗒 **Notes** | |

| 🌐 **Website** | |
|---|---|
| 👤 **Login** | |
| 🔒 **Password** | |
| 🗒 **Notes** | |

# PASSWORD *Log*

| | |
|---|---|
| 🌐 **Website** | |
| 👤 **Login** | |
| 🔒 **Password** | |
| 🗒 **Notes** | |

| | |
|---|---|
| 🌐 **Website** | |
| 👤 **Login** | |
| 🔒 **Password** | |
| 🗒 **Notes** | |

| | |
|---|---|
| 🌐 **Website** | |
| 👤 **Login** | |
| 🔒 **Password** | |
| 🗒 **Notes** | |

| | |
|---|---|
| 🌐 **Website** | |
| 👤 **Login** | |
| 🔒 **Password** | |
| 🗒 **Notes** | |

# PASSWORD *Log*

**W**

| 🌐 Website | |
|---|---|
| 👤 Login | |
| 🔒 Password | |
| 🗨 Notes | |

| 🌐 Website | |
|---|---|
| 👤 Login | |
| 🔒 Password | |
| 🗨 Notes | |

| 🌐 Website | |
|---|---|
| 👤 Login | |
| 🔒 Password | |
| 🗨 Notes | |

| 🌐 Website | |
|---|---|
| 👤 Login | |
| 🔒 Password | |
| 🗨 Notes | |

# PASSWORD *Log*

| 🌍 Website | |
|---|---|
| 👤 Login | |
| 🔒 Password | |
| 🗊 Notes | |

| 🌍 Website | |
|---|---|
| 👤 Login | |
| 🔒 Password | |
| 🗊 Notes | |

| 🌍 Website | |
|---|---|
| 👤 Login | |
| 🔒 Password | |
| 🗊 Notes | |

| 🌍 Website | |
|---|---|
| 👤 Login | |
| 🔒 Password | |
| 🗊 Notes | |

# **PASSWORD** *Log*

X

| 🌐 Website | |
|---|---|
| 👤 Login | |
| 🔒 Password | |
| 📋 Notes | |

| 🌐 Website | |
|---|---|
| 👤 Login | |
| 🔒 Password | |
| 📋 Notes | |

| 🌐 Website | |
|---|---|
| 👤 Login | |
| 🔒 Password | |
| 📋 Notes | |

| 🌐 Website | |
|---|---|
| 👤 Login | |
| 🔒 Password | |
| 📋 Notes | |

# PASSWORD *Log*

X

| | |
|---|---|
| 🌐 **Website** | |
| 👤 **Login** | |
| 🔒 **Password** | |
| 📋 **Notes** | |

| | |
|---|---|
| 🌐 **Website** | |
| 👤 **Login** | |
| 🔒 **Password** | |
| 📋 **Notes** | |

| | |
|---|---|
| 🌐 **Website** | |
| 👤 **Login** | |
| 🔒 **Password** | |
| 📋 **Notes** | |

| | |
|---|---|
| 🌐 **Website** | |
| 👤 **Login** | |
| 🔒 **Password** | |
| 📋 **Notes** | |

# PASSWORD *Log*

**X**

| | |
|---|---|
| 🌐 **Website** | |
| 👤 **Login** | |
| 🔒 **Password** | |
| 🗐 **Notes** | |

| | |
|---|---|
| 🌐 **Website** | |
| 👤 **Login** | |
| 🔒 **Password** | |
| 🗐 **Notes** | |

| | |
|---|---|
| 🌐 **Website** | |
| 👤 **Login** | |
| 🔒 **Password** | |
| 🗐 **Notes** | |

| | |
|---|---|
| 🌐 **Website** | |
| 👤 **Login** | |
| 🔒 **Password** | |
| 🗐 **Notes** | |

# PASSWORD *Log* X

| 🌐 Website | |
|---|---|
| 👤 Login | |
| 🔒 Password | |
| 🗐 Notes | |

| 🌐 Website | |
|---|---|
| 👤 Login | |
| 🔒 Password | |
| 🗐 Notes | |

| 🌐 Website | |
|---|---|
| 👤 Login | |
| 🔒 Password | |
| 🗐 Notes | |

| 🌐 Website | |
|---|---|
| 👤 Login | |
| 🔒 Password | |
| 🗐 Notes | |

# PASSWORD *Log*

| | |
|---|---|
| 🌐 **Website** | |
| 👤 **Login** | |
| 🔒 **Password** | |
| 🗐 **Notes** | |

| | |
|---|---|
| 🌐 **Website** | |
| 👤 **Login** | |
| 🔒 **Password** | |
| 🗐 **Notes** | |

| | |
|---|---|
| 🌐 **Website** | |
| 👤 **Login** | |
| 🔒 **Password** | |
| 🗐 **Notes** | |

| | |
|---|---|
| 🌐 **Website** | |
| 👤 **Login** | |
| 🔒 **Password** | |
| 🗐 **Notes** | |

# PASSWORD *Log*

| 🌐 **Website** | |
|---|---|
| 👤 **Login** | |
| 🔒 **Password** | |
| 🗒 **Notes** | |

| 🌐 **Website** | |
|---|---|
| 👤 **Login** | |
| 🔒 **Password** | |
| 🗒 **Notes** | |

| 🌐 **Website** | |
|---|---|
| 👤 **Login** | |
| 🔒 **Password** | |
| 🗒 **Notes** | |

| 🌐 **Website** | |
|---|---|
| 👤 **Login** | |
| 🔒 **Password** | |
| 🗒 **Notes** | |

# PASSWORD *Log* ══════

| 🌐 **Website** | |
|---|---|
| 👤 **Login** | |
| 🔒 **Password** | |
| 📑 **Notes** | |

| 🌐 **Website** | |
|---|---|
| 👤 **Login** | |
| 🔒 **Password** | |
| 📑 **Notes** | |

| 🌐 **Website** | |
|---|---|
| 👤 **Login** | |
| 🔒 **Password** | |
| 📑 **Notes** | |

| 🌐 **Website** | |
|---|---|
| 👤 **Login** | |
| 🔒 **Password** | |
| 📑 **Notes** | |

# PASSWORD *Log*

| 🌐 **Website** | |
|---|---|
| 👤 **Login** | |
| 🔒 **Password** | |
| 🗒 **Notes** | |

| 🌐 **Website** | |
|---|---|
| 👤 **Login** | |
| 🔒 **Password** | |
| 🗒 **Notes** | |

| 🌐 **Website** | |
|---|---|
| 👤 **Login** | |
| 🔒 **Password** | |
| 🗒 **Notes** | |

| 🌐 **Website** | |
|---|---|
| 👤 **Login** | |
| 🔒 **Password** | |
| 🗒 **Notes** | |

# PASSWORD *Log*

**Z**

| | |
|---|---|
| 🌐 **Website** | |
| 👤 **Login** | |
| 🔒 **Password** | |
| 🗊 **Notes** | |

| | |
|---|---|
| 🌐 **Website** | |
| 👤 **Login** | |
| 🔒 **Password** | |
| 🗊 **Notes** | |

| | |
|---|---|
| 🌐 **Website** | |
| 👤 **Login** | |
| 🔒 **Password** | |
| 🗊 **Notes** | |

| | |
|---|---|
| 🌐 **Website** | |
| 👤 **Login** | |
| 🔒 **Password** | |
| 🗊 **Notes** | |

# PASSWORD *Log*

**Z**

| | |
|---|---|
| 🌐 **Website** | |
| 👤 **Login** | |
| 🔒 **Password** | |
| 🗐 **Notes** | |

| | |
|---|---|
| 🌐 **Website** | |
| 👤 **Login** | |
| 🔒 **Password** | |
| 🗐 **Notes** | |

| | |
|---|---|
| 🌐 **Website** | |
| 👤 **Login** | |
| 🔒 **Password** | |
| 🗐 **Notes** | |

| | |
|---|---|
| 🌐 **Website** | |
| 👤 **Login** | |
| 🔒 **Password** | |
| 🗐 **Notes** | |

# PASSWORD *Log*

| 🌐 **Website** | |
|---|---|
| 👤 **Login** | |
| 🔒 **Password** | |
| 🗒 **Notes** | |

| 🌐 **Website** | |
|---|---|
| 👤 **Login** | |
| 🔒 **Password** | |
| 🗒 **Notes** | |

| 🌐 **Website** | |
|---|---|
| 👤 **Login** | |
| 🔒 **Password** | |
| 🗒 **Notes** | |

| 🌐 **Website** | |
|---|---|
| 👤 **Login** | |
| 🔒 **Password** | |
| 🗒 **Notes** | |

# PASSWORD *Log*

| 🌐 Website | |
|---|---|
| 👤 Login | |
| 🔒 Password | |
| 📋 Notes | |

| 🌐 Website | |
|---|---|
| 👤 Login | |
| 🔒 Password | |
| 📋 Notes | |

| 🌐 Website | |
|---|---|
| 👤 Login | |
| 🔒 Password | |
| 📋 Notes | |

| 🌐 Website | |
|---|---|
| 👤 Login | |
| 🔒 Password | |
| 📋 Notes | |

Made in the USA
Columbia, SC
23 May 2024

36133759R00059